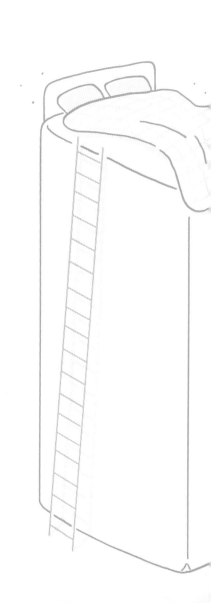

쉬운

일은

아니지만

괜찮은 사람이
되고 싶어요

홍화정 지음

쉬운 일은 아니지만

이 책은 2016년부터 2019년 1월 1일까지 쓴 일기에서
가져온 이야기들입니다.

그 시기에 저는 서울 생활을 접고 10년 만에 아빠와 함께
연고도 없는 낯선 지방에서 살게 되었습니다. 심리 상담을
받으며 신경정신과 약을 먹기 시작했고, 그 어느 때보다 깊은
우울과 무기력감에 허우적거리며 나를 세상에서 가장 좋아도
했다가 치가 떨리게 혐오하기도 하면서 여기저기 찢고 꿰맨
자국이 많이 남은 시기였습니다.

침대 밖으로 나가지 못하면서, 죽어가는 벌레처럼 울면서도
어째 거의 매일 손바닥만 한 노트에 일기는 썼습니다. 이게
무슨 의미가 있겠나 하며 아무런 기대도 없이 쓴 일기가
이렇게 책으로 묶여 나오니, 어쩐지 일기장에게 미안하고
고맙습니다.

그림일기를 그린 지 올해로 10년째 되었습니다. 스스로를
위해 쓴 일기가 책으로 나왔을 때, 이것을 읽어주실 분들께
이 일기가 어떤 효용이 있을지 아직 고민이 많습니다.
그러나 어떤 시기라도 결국 지나간다는 것을 이 책에서
느낄 수 있다면, 힘든 시기를 보내고 있을 때 이 책의
한 문장이라도 문득 떠오른다면 정말 기쁘겠습니다.
그런 효용이 있길 욕심을 내봅니다.

2019년 초여름, 홍화정 드림

네 번째 상자,

다시 약을 먹으며

다섯 번째 상자,

괜찮다고,
다 괜찮다고

괜찮은 사람이 될 수 있을까

첫 번째 상자,

슬픈 건 아니고

화가 난 것도 아닌데

본가 장롱 위에는 두 개의 상자가 있습니다.

10대 때의 기록물이 들어 있는 상자인데요,

오랜만에 열어보니

엄청난 양이 담겨 있어 놀랐습니다.

상자 안에는

강박과 불안에 허덕이던 저도 있고,

자의식과잉에 갇힌 싫은 저도 있고,

엉망진창이던 저에게 상처받은 동생도 있었습니다.

한 명의 사람이 살아가는 데 이렇게나 많은 기록이 쌓인다는 것

10년 전 기록이 생생하게 남아 있다는 것이 무서워졌습니다.

다시 10년이 흐르면 지금의 기록들도 이렇게 부끄러울까요.

살면서 너무 많은 흑역사를 남기는 것 같습니다.

시간이 더 흐르면 이런 기록들도 소중해질까요.
지금은 그저 없애고만 싶은데 말입니다.

작업실 언니의 소개로 화실에 다니게 되었습니다.

선생님도 수강생분들도 고양이 상구도 모두 사랑스러운 화실입니다.

화실에는 하얀 머리가 아름다운 할머니 한 분이 계신데요,

어느 날은 그분과 그림 그리는 것에 대해 얘기 나누었습니다.

아마 그분과 저 사이엔 40년 정도 시간의 간격이 있을 텐데요,

그 간격과 상관없이 '그림 그리는 마음'에 대해

비슷한 감정을 느끼고 이야길 나눌 수 있다는 것이 신기했습니다.

또 어느 날은 작업도구가 있는 작은 방에 혼자 계시기에 보았더니

상구야, 하나님은 어떻게 너를 만드실 생각을 하셨을까~

상구를 가만히 쓰다듬으며 얘길 하고 계셨습니다.

그분을 관찰하다 보면

저는 어떤 할머니가 될 수 있을지 생각하게 됩니다.

화실의 인순 님을 보면, 경외와 부끄러움과
사랑스러움과 존경의 감정이 연달아 올라온다.
그림을 왜 이렇게도 열심히 그리시냐는 질문에
"나는 시간이 얼마 없잖아"라고 말씀하셨을 때의
목소리를 떠올리는 것만으로도 울컥하다.

2017.01.23.

봄의 두 장면

봄이 가까워질 즈음 집에 가기 위해 버스를 타고

창문을 열었는데

따뜻한 바람이 왕창 불어왔습니다.

버스에서 내려 걸어가는 길엔

한 아저씨와 시츄 한 마리를 보았는데,

그 모습은 또 얼마나 사랑스럽던지요.

그해 봄은 그날 본 두 장면으로 충분할 것만 같았습니다.

저는 로즈메리를 정말 좋아합니다.

커다란 로즈메리가 있는 정원을 갖고 싶지만

현실의 저는

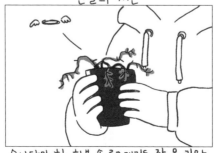

손바닥만 한 화분 속 로즈메리도 잘 못 키우는

그런 사람인 것입니다.

작은 로즈메리 하나,

좋아하는 허브 하나 키우지 못하는 모습이

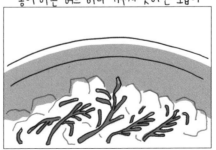

꼭 자기 마음 하나 돌볼 줄 모르는 제 모습 같아

속상해지곤 합니다.

다시 마음을 가다듬는다.

나는 누굴까, 뭘 좋아할까, 무엇을 하고 싶고

또 하기 싫을까.

천천히 알아나가보자. 좋은 책을 읽고

좋은 영화를 보고, 운전도 배우고 수영도

배우고…. 이참에 나와 많이 친해지고 싶다.

이런 외로움과 고독함을 알아서 타인에게

다정한 사람이고도 싶다.

2017.11.06.

언제든 지금 있는 곳의 아름다움을 한 가지쯤

말할 수 있는 사람이고 싶다.

그 어디든, 곧바로 자신이 아름답다고

생각하는 것을 발견해낼 수 있다면.

2017.03.08.

멋있어 보이고 싶은 마음을 잘 거를 줄 아는 사람

저는 늘 마음을 의심하는 것에

익숙했습니다.

내 마음이 힘들어하는데

남들과 비교하며 다그치기 바빴는데요.

결국은

마음이 잔뜩 쪼그라들고 병이 들어서야

그간 스스로에게 너무 모질었다는 것을 깨달았습니다.

도저히 견딜 수 없을 정도의 우울감과 절망감이 찾아와 결국은 병원에 갔다. 몸에 집게를 여기저기 달고 자율신경계검사라는 것을 받았는데, 의외로 '정상' 수치가 나왔다. 정상이 나오다니. 나는 이렇게 힘든데 그 고통을 인정받지 못한다는 두려움과 역시 내가 나약해빠진 건가 싶어 스스로가 의심스러워졌다. 내가 느끼는 우울감과 절망감은 사실 별일도 아닌데 너무 유난스러운 건 아닐까. 병원을 나오며 친한 언니와 통화하다가 그 얘길 했더니 "네가 슬프면 슬픈 거지, 뭘 눈치를 봐"라고 말해주었다. 그제야 정신이 조금 드는 듯했다. 내가 느끼고 있는 슬픔과 고통을 의심하지 않는 사람이고 싶다.

2017.12.

상담을 받으며 알게 된 것 중 하나는

제가 어떤 기분을 느끼는지 모른다는 것이었습니다.

그간 스스로의 마음을 자주 들여다봤다 생각했는데

그때의 생각이 아닌 감정은 도저히 설명할 수가 없었습니다.

그날 이후로 저는

기분에 대한 단어를 발견하면 기억하려 애쓰게 됩니다.

제 마음이 어떤 감정인지 세심하게 알아봐주고 싶어요.

친구 D에게 갑자기 메시지가 왔다.
통화할 수 있냐며 '고민이 있는데 좀 좁은
마음이야'라고 했다. 자신의 좁은 마음에 대해
말할 줄 아는 친구가 나는 왜 그렇게도
예뻐 보이던지.

2018.03.13.

언젠가는 바삭하고 따사로운 웃음을 짓는
사람이 될 수 있을까.
기쁜 일이든 슬픈 일이든 가벼운 문장으로
몇 마디 건네는 그런 사람이 될 수 있을까.

2017.06.04.

말한 것보다 말하지 않는 것이 더 많고,
드러내논 기쁨보다 드러내지 않는 기쁨이 더 많은,
보여준 그림보다 보여주지 않은 그림이
더 많은 사람.

2017.08.19.

저는 수에 정말 취약합니다.

수치화되는 모든 것에 전혀 감을 잡지 못해요.

그림을 그리는 데 정확히 얼마의 시간이 걸리는지도 모른 채 프리랜서가 되니

시간이 부족해 새벽까지 작업을 했고

순식간에 생활은 엉망진창이 되어버렸습니다.

처음으로 작업하는 시간을 재어보니

모든 일이 제가 예상한 시간의 3-4배가 더 걸렸습니다.

작업에 들어가기 전 준비하는 시간을 간과하기도 했었고,

제 단점과 쉬는 시간, 다양한 변수를 감안하지 못한 탓도 있었습니다.

요즘은 일하기 전, 이 일이 어느 정도 걸릴지 가늠해보는데요,

그때마다 기가 차서 웃음이 납니다.

알바 되었다고 바로 달라지는 건 아니지만

조금씩 조금씩 고쳐나가고 있습니다.

조각을 모으는 시간을 간과해왔던 것 같다.

조각을 모으는 일은 눈에 보이지도 않고 딱히 뭐라 설명하기도 힘드니까. 그래서 늘 '딴짓했다'라거나 '놀았다', '아무것도 못 했다'라고 말해왔는데 요즘은 그 조각을 모으지 않으면 이야기를 쓰고 그릴 재료가 없는 것 같은 기분이 든다. 할 말이 없어졌달까.

몇 번의 경험과 깨달음을 통해 이제는 조금 확신하듯 말할 수 있다. 딴짓하거나 놀고 있는 게 아니라 조각을 모으고 있다고. 그리고 이것도 알게 되었다. 조각은 모으기만 하면 안 된다는 걸. 무언가를 만들어내는 사람이 되기로 마음먹은 이상 모은 조각에 먼지가 쌓이기 전에 뭐든 만들어내야 한다는 것을.

2018.11.08.

연필로 그림을 그릴 때 작은 고민이 생겼습니다.

아무리 힘주어 그려도

진—한 색이 나오지 않는 것이었습니다.

그것은 사소하지만 꽤 오래된 고민이었는데요.

오늘 선생님께 여쭤보니

의외로 간단하게 진한 선을 그을 수 있었습니다.

처음엔 배운 대로 몸이 움직이는 게 어색한 듯싶더니

이내 원하던 진한 선을 그을 수 있게 되었습니다.

신나서 종이 한 켠에 진한 선을 잔뜩 그어봤는데

저는 그 부분이 얼마나 마음에 들던지요.

딱히 자랑할 일도, 얘기할 만한 일도 아닌 아주 개인적인 즐거움.

살아가며 이런 은밀한 즐거움을 몇 개 더 알게 된다면 좋겠습니다.

작업실에 밥 먹으러 오는 고양이 중엔

겁이 많아 '쫄보'라고 부르는 고양이가 있습니다.

그런데 어느 순간부터

쫄보는 가까이 가도 도망가지 않습니다.

게다가 오늘은 아주 가까이에서 낮잠까지 자고 있는데요,

그런 쫄보에게 그저 고마운 마음만 듭니다.

가진 게 자기 얘기밖에 없는 사람들은 조금 버겁습니다.

타인의 얘기는 궁금하지 않고, 들어갈 틈도 없는 사람들.

그러나 저 역시도 가진 것이 제 얘기뿐일 때가 많아

부끄럽고 슬프기도 합니다.

다른 사람들의 글을 읽고 이야기를 나누며,
'내가 알던 게 맞았구나'라든지 '역시 내 생각이
더 낫지'라는 생각보다 '내가 틀렸구나, 몰랐구나'
하며 부끄럽고 아차 싶을 때가 더 많았으면,
그런 순간이 줄어들지 않았으면 좋겠다.
부끄러운 일을 정확히 부끄럽게 받아들이는 게
쉬운 일이 아니지만.

2017.07.25.

어제는 중학생으로 돌아간 꿈을 꾸었는데요,

그 시절 같은 반이었던 별로 친하지 않던 아이들까지 나와

교실에서 웃고 떠들고 있는 꿈이었습니다.

특히 친했던 친구들은 목소리마저 생생해서

일어나서도 친구들의 목소리가 들리는 것만 같았습니다.

그때 그 아이들은

지금 어디서 어떻게 살고 있을까요,

무사히 한 명의 어른이 되었을까요.

이제 다시는 교복입고 학교에 다닐 일은 없을 거라 생각하니

그 시절이 마치 SF나 판타지영화처럼 느껴졌습니다.

다시는 돌아가지 못하는 날들

그런 날들은 점점 늘어만 가겠지요.

포장마차에서 어묵을 먹다 문득

더 이상 어묵 개수를 조마조마 세어가며 먹지 않아도 되는

나이가 되었구나 라는 생각이 들었습니다.

조금 서글펐던 건 왜일까요.

생각한 것보다 더 많은 것들이

내 탓인지 아닌지 선택할 수 있는 일이었고,

나만의 탓이 아니었으며, 미숙한 게 당연한 거였구나

떠올리고 또 떠올리는 주말이었다.

2017.03.05.

제가 짊어지고가는 삶이 버겁고 힘겹단 생각이 들 때,

상담선생님께 이런 얘길 듣게 되어

짊어졌던 보따리를 열어보게 되었습니다.

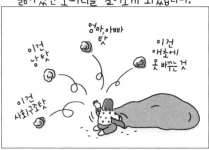

그랬더니 그 안의 것들이 정말 모두 제 탓은 아니었어요.

제 탓과 제 탓이 아닌 것을

잘 분류할 줄 아는 사람이 되고 싶습니다.

살아감의 무게가 너무 무겁지 않게요.

두 번째 상자,

적당히 잘하자고

다짐했습니다

오늘은 화실에서

선생님의 이야길 듣고

저는 어떤 색과

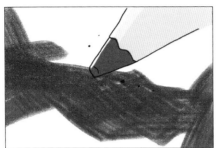

어떤 형태의 그림자를 가진 사람인지

스스로의 어두운 면을

와.. 내가
빛을 그렸어..

잘 알고 싶다는 생각이 들었습니다.

화실에서 그림을 그릴 때, 특히 네거티브 드로잉을
할 때 시선이 달라지는 느낌이 좋다.
'대상의 윤곽선을 눈으로 쓰다듬는 기분'이라는
문장을 메모장에 적었다.

2017.02.01.

고민을 많이 하고, 고생을 많이 했다는 것이
어떻게든 티가 났으면 좋겠다.
그림의 선 하나든 문장 속 한 글자든 간에.

2018.08.08.

얼마 전 텀블벅에서 후원한 그림달력 펀딩이 성공해

기쁜 마음으로 기다리고 있습니다.

며칠 전 맡겼던 필름의 현상본도 도착해 즐겁고요.

그러고 보면 저에겐 하루에 한 편씩 오는 수필도 있고,

한 달에 한 통씩 받아보는 편지도,

미리 끊어둔 비행기표도 있습니다.

저는 이런 것들을 '미리 심어둔 기쁨'이라 생각합니다.

잊고 지낼 즈음 하나씩 피어나길 바라며 심어두지요.

미리 심어둔 이런저런 일들이 기쁨을 줄 거란 걸

알게 되어 어쩐지 뿌듯합니다.

기쁨을 심을 돈을 따로 빼두다 보면
조금은 숙련된 어른이 된 것도 같고요.

업무 메일은 역시

이 사족 없는 문장...

건조한 문체..

전문 용어..

멋지다!!

최대한 건조할수록 프로페셔널해 보였습니다.

더 어려운 단어가 있었는데..

간결하고 멋있는 거..

그래서 저는 업무 메일을 보낼 때마다 단어 선택에 고민이 많았는데요,

이번에 일하면서는

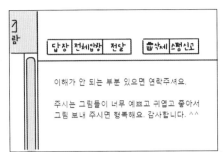

이해가 안 되는 부분 있으면 연락주셔요.

주시는 그림들이 너무 예쁘고 귀엽고 좋아서
그림 보내 주시면 행복해요. 감사합니다. ^^

그림이 예뻐 행복하다는 담당자님을 만나게 되었습니다.

와..
행복하다니

이건 돈 받으니까
하는 일인데?

일할 때
멋있어 보이고
싶었구나,나..

멋있지도
않으면서

이분은 정말
애정을 갖고
일하는구나..

부끄럽다

그 메일에 놀란 제 머리 위로 수많은 생각들이 쏟아졌습니다.

저는 그림을 정말 좋아합니다.

만화도 정말 좋아하고요,

이야기를 읽는 것도 좋아합니다.

그런데 좋아하는 마음이 '하고 싶다'란 말을 하게 된 순간부터

좋아하던 것들이 너무 힘들어졌습니다.

한동안은 좋아하는 것들이 보기도 싫어졌고,

그런 제 자신이 너무나 한심했습니다.

그러던 어느날, 카페에서 마음에 드는 노래를 들었는데

힘들지가 않다는 걸 알았어요.

음악 역시 좋아하고 해보고 싶은 마음이 있는데 말이죠.

곰곰이 생각해봤더니, 하고 싶다란 말에 '잘'이 숨어 있었습니다.

(알게 되어 기뻤어요ㅠㅠ)

그렇지만 잘하고 싶은 마음을 차마 버리지 못하는 저는

'적당히' 잘하자고 다짐했습니다.

그마저도 쉽진 않지만요..

그림 그리는 행위가 내 집을 꾸미는(가꾸는) 것과
같다면, 나는 내 집을 어떻게 해놓고 사는 걸까.
집은 일단 내가 편하고 즐거워야 하는데. 남에게
보이기 위한 집, 남의 집과 비교만 하다가 돌아가기
싫어진 집이 된 것 같은 기분이 든다.

2018.05.11.

너무 잘하는 것보다 다음에도 또 할 수 있을
정도로만 잘하는 것이 더 좋은 듯하다.
완벽해지려고 하지 말고, 적당히 잘해야 한다.
다음에도 또 할 수 있는 것이 잘하는 것보다
훨씬 더 중요하다.

2018.12.22.

잘못을 인정하지 않고 변명만 늘어놓던 K를 보며

정말 저런 사람은 되지 말아야지 다짐하게 되었습니다.

때마침 지인이 충고 하나를 해주어

'그런데'는 절대 말하지 말자고도 다짐할 수 있었습니다.

하지만 막상 지내다 보니 다짐한 것들을

생각보다 더 지키기 힘들었습니다.

깔끔하게 사과하는 건 왜 이렇게 힘들까요.

'그럴 수도 있지'라고 자주 생각하면 좋겠다.
누군가 이해할 수 없는 말과 행동을 보일 때,
어느 정도 선에선 그런 상황들을 모두
'그럴 수도 있지'라고 생각하고 싶다.
그 사람이 그럴 수도 있는 상황을
더 다양하게 상상할 수 있다면.

2017.10.15.

내가 상처받았다고 해서 그 상처를 그대로
되돌려주는 사람이고 싶지는 않았는데.
분노를 이기지 못해 결국 그런 사람이 되어버렸다.
마음이 편하지 않다.

2017.12.23.

침대에서 일어나지도 못하던 시절엔

누구든 연락이 올 때마다

늘 거짓말을 했습니다.

그들이 저를 한심해할까 겁이 나 거짓말을 했던 건데

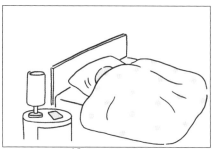

지금 와 떠올려보면

아무것도 하지 않는 저를 제일 한심해하던 사람은

다름 아닌 제 자신이 아니었을까 싶습니다.

예전처럼 나는 이래야 해, 저래야 해,
다그치진 않는다.
그래 봤자 스트레스받는 건 나니까.
그 대신 나와 잘 타협하는 법을
점점 알아가고 있는 게 아닐까 생각했다.
며칠쯤은 쉬어도 돼, 그래도 돼, 하며.

2016.12.11.

나는 왜 노력하지 않는 삶은 한심하고
최악이라고 생각하는 걸까?
아무 노력을 하지 않는 나라도 좋아해줘야지.

2017.02.11.

'괜찮은 사람이 될 수 있을까..' 혼자 읊조려보는 날이 많아집니다.

얼마 전엔 원데이 수업으로 미싱을 배웠습니다.

요새는

이런저런 고민과 생각들로

마음이 참 시끄러웠는데요,

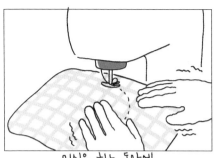

미싱을 하는 동안엔

마음이 떠들 새가 없었습니다.

그날 저는 마음을 잠재우는 법을 알게 된 것이
미싱을 배운 것만큼 기뻤습니다.

오늘의 글을 쓰기 위해 어제의 글을 읽고 있다.
바느질을 튼튼히 박아야 할 때,
한 땀 뒤로 돌아갔다 다시 앞으로 돌아와 박는
법이 있었는데(찾아보니 박음질이라고 한다!),
어제의 글을 살피고 오늘의 글을 쓰려 하면
내가 박음질을 하고 있다는 기분이 든다.
느리더라도 튼튼하게,
결국은 꼭 완성까지 하고 싶다.

2018.07.01.

이번 달만 지나면 2년 간의 휴대폰 약정이 끝납니다.

그러나 어젯밤, 그는 갑자기 의식을 놓고 말죠..

휴대폰이 없는 저녁은 뭐랄까요..

생각 외로 빠르게 적응되기도 해서

조금 당황스러웠습니다.

다음 날, 곧바로 AS센터에 갔습니다.

사실 어제는 한참을 검색해보다

극도의 스트레스 상태까지 치닫고 말았습니다.

하지만 제 휴대폰은

걱정이 무색하게 별 문제 없었고

서비스 센터를 나오며

어쩌면 요근래 힘들어하던 일들 역시

모두 별일 아닐지도 모른단 생각이 들었습니다.

너무 많은 것들을 걱정부터 했나 봅니다.

작업하던 책상에선 늘 뒷걸음만 치고 있는 것 같은데

잠시 뒤로 물러나 보면

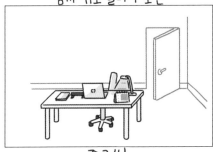

조금씩

조금씩 앞으로 나아가고 있는 것 같습니다.

마음속에 정말 작은 변화가 생겼다.

마치 아무것도 없는 화분에 작은 새싹이

하나 난 기분. 정말 정말 작아서 자세히 들여다보지

않는다면 전혀 몰랐을, 언뜻 보면

빈 화분처럼 보일 만큼 작은 무언가가 돋았다.

빈 화분과 작은 초록 점이 생긴 화분은

정말 다르다.

2018.11.06.

본가에 내려가면 어쩐지 목욕탕에 가고 싶어집니다.

동네엔 어릴 때부터 가던 목욕탕이 있는데요,

갈 때마다 새롭게 낡아 있는 모습을 보게 됩니다.

목욕탕이 낡아가는 것을 볼 때마다

저와 제 동생의 시간도 흘러가고 있음을

문득 알아차리곤 해요.

예전의 저는 이런 말을 했었지만,

그것은 사실

마지막 자존심을 지키려 했던 말이었습니다.

친구와 했던 말이

무슨 의미인지 깨닫는 요즘은

라는 생각을 합니다.

아르바이트를 구하고 있다. 하고 싶고 조건도 맞는
카페들은 죄다 떨어지고 수요일에 스크린골프장
카운터 알바 면접을 보러 간다. 되돌아보면 참
어떻게든 살아져왔었다. 뒤를 보면 안심되다가도
다시 앞으로 고개를 돌리면 막막함에 숨이 턱
막힌다. 그런 앞을 똑바로 바라본다는 건 쉽지 않다.
얼마 전에 '내가 한 달에 최소 얼마가 필요한
사람인지 정확한 금액을 알고 있어야 한다'라는 얘길
듣고, 아 이걸 알고 있으면 덜 불안하겠구나 하는
희망이 생겼었다. 그런데 막상 그 금액을 계산해보니
오히려 그간 내가 꾸역꾸역 밥벌이를 하며 살아온
것이 기적과도 느껴져 희망과 더 멀어지고 말았다.
화실도 다니고 싶고, 작업실도 있고 싶고, 책도 많이
사고 싶고, 영어도 배우고 싶고, 여행도 가고 싶고,
그 와중에 계속 서울에서도 살고 싶다. 나는 그럴
능력도 없으면서 놓지 못하는 것들이 손에 많은 게
아닐까, 우울해진다.
내년 소망을 생각하다가 가장 먼저 내년엔 돈을 잘
벌고 싶다는 문장을 떠올렸다. 돈을 잘 벌게 된다고
모든 문제가 해결되진 않겠지만.
불안함이 늘 문제다. 나만 그런 것이 아니라는 걸
알지만 전혀 위안이 되질 않는다. 내 불안은
내 불안인걸. 내년은 또 어떻게 살아내야 하는 걸까.

2016.12.25.

방 정리를 하다

그간 받은 편지가 든 상자를 발견했습니다.

예전처럼 편지를 하나하나 보진 않지만,

편지상자는 일단 열어보는데요,

오늘은 편지 봉투마다 적힌 제 이름에 눈이 갔습니다.

제각기 다른 글씨체로 쓰인 제 이름을 보는데

묘한 기분이 들었습니다.

그들이 편지를 다 적고 겉면에 제 이름을 썼을 순간이 떠올랐달까요.

타인의 마음을 받으며 살고 있다는 것,

그것을 마주할 때마다 '힘내서 잘 살아봐야겠다'란 생각이 듭니다.

언젠가부터 사는 게 무감각해질 때마다 멀리 떠납니다.

그러다 비행 중에 난기류를 겪으면

항상 죽음이 떠오르며

미처 하지 못했던 일들이 떠올라 굉장히 불안해졌습니다.

그래서 착륙할 때마다 유언장을 남겨야겠다 다짐했는데,

정신을 차려보면 어느새 또 다른 비행기에서 난기류를 겪고 있던 것이었습니다.

결국 저는 죽는다는 걸 왜 자꾸만 잊고 사는 걸까요.

공항에서 나오며 연초마다 유언장을 쓰기로 결심했습니다.

유언장으로 쓸 종이를 고르는 일부터 쉽지 않았습니다.

(결국 심플하면서도 컬러풀한 편지지를 구입했어요)

막상 유언장을 쓰려 하니 첫 문장부터 어려웠습니다.

너무 감상에 빠지지 않으려 했는데도 구구절절 할 말은 어찌나 많던지요.

다 쓰고 보니 죽음이 더 무서워졌습니다.

무섭지만, 한 해간 자신이 죽게 된다는 것을 잊지 않으며

고민 좀 덜하고 더 씩씩하게 살아내고 싶어요.

저는 몇 장의 유언장을 남기게 될까요.

언젠가는 심플하게 쓸 수도 있을까요.

애인은 유언장에 솔직히 죽는 게 아쉽다고 적었다
했다. 해를 거듭하며 유언장을 쓸수록 점점 더
아쉽지 않게, 여한 없이 살고 싶다고도 했다.
동생은 죽고 나서 자기 유언장을 읽을 사람들을
떠올리며 적었다고 했고, 친구는 죽음에 대해
자신만의 태도를 갖고 싶다고도 했다. 내가 갑자기
죽어도 남은 이들에게 인사를 남길 수 있어
다행이다. 유언장을 쓰는 동안 돌아가신 막내
외삼촌과 외할머니도 떠올렸다. 누군가를 기억할
때마다 그의 영혼은 희미해지지 않는다고 했다.

2019.01.01.

세 번째 상자,

점점 더 잘 우는 사람이
되었으면 좋겠습니다

집 근처 영화관에 혼자 '코코'라는 애니메이션을 보러 갔습니다.

자리에 앉으니 사방에 아이들이 앉아 있어

영화에 집중하기 글렀다고 생각했는데

막상 영화가 시작되니 아이들은 빨려 들어가듯 집중했습니다.

해골이 춤을 추면 재밌다고 환호성을 지르고,

주인공이 위험에 처하면 자기 일처럼 난리가 나고,

해골 할아버지가 사라지려 할 땐 엉엉 울었습니다.

특히 옆자리 아이가 어찌나 서럽게 울던지요.

솔직하고 투명한 감정을 가진 아이들 덕분에

함께 엉엉 울며 영화를 보고 나오는데,

'애들 사이에 껴서 망했다' 생각한 것이 부끄러웠습니다.

아이들의 세계를 까맣게 잊어버린 어른이 되고 만 것입니다.

늘 나보다 나이 많은 사람들만 만나다가 처음으로
나보다 어린 사람들과 모임을 가졌는데,
되게 어른인 척한 것 같아 집으로 돌아오는 길
내내 마음이 쓰이고 수치스러웠다. 늘 어린 역할만
하다가 언니 누나 소리 들으니 뭘 어떻게 해야
할지 어색해서 그랬나. 윗사람보다 아랫사람을 더
불쾌하지 않게 잘 대하고 싶은데, 너무 어렵다.
왜 자꾸 훌륭한 척하게 되는 걸까?

2018.06.02.

저는 간직하고 싶은 장면이 많은 사람이었는데,

언젠가부터 사진첩이 무채색으로 멈춰 있습니다.

마음에 드는 장면을 찍는 것쯤이야

별일 아니라 생각했는데,

이제 와보니 그런 모습은 저의 소중한 면이었던 것입니다.

하지만 제 모습을 잃는 듯한 기분도 이번이 처음은 아니라,

언젠가 돌아오려니 하고 그저 기다립니다.

요즘의 감각들을 오랫동안 잊고 싶지 않다.

공기가 붉게 물드는 늦은 오후의 볕,

그 사이를 지나는 사람들,

연필로 종이를 무겁게 누르며 그어내리는 선,

이유 없이 벅차오르는 기분들,

발등 위로 느껴지는 작업실 고양이의 뜨끈한 무게,

깊게 숨을 들이마시면 명치까지 시린 찬 공기,

그런 감각들.

2017.01.16.

밥을 먹다 붙은 깻잎지를 잡아주는 사람들을 보면
그냥 기분이 좋아집니다. 밥상 위의 다정함이랄까요.

작업실에 밥먹으러 오는 고양이들 중엔

뭔가 근엄한 분위기를 풍겨 '어르신'이라 부르는 고양이가 있는데요,

며칠 전 어르신의 상태가 좋지 않아 알아보니

아무래도 고양이 감기에 걸린 것 같았습니다.

그래서 곧바로 병원에 가 약을 샀습니다.

얼마 전 작업했던 화료가 들어와 걱정 없이 약을 살 수 있었어요.

앞으로도 이 정도 여유는 있게 돈을 벌 수 있으면 좋겠습니다.

어르신의 물을 갈아주며,

자주 오지도 않는 길고양이의 물통을 매일

갈아주는 마음에 대해 생각했다.

2017.02.08.

심리상담소의 사무보조 알바를 하게 되었다. 아침에

출근해 상담실을 정리하며 '어느 상담실이든 책상에

늘 티슈가 준비되어 있구나'라는 생각을 했다.

오늘은 한 학생의 어머님이 상담실에서 나와 결제를

하는데, 한 손에 티슈 뭉치를 꼭 쥐고 계셨다.

버려드리겠다며 티슈 뭉치를 받았는데 축축하게 젖어

있었다. 순간 '저도 지난 주에 상담받으면서 티슈

두 장 썼었어요'라고 말하고 싶었지만 참았다.

2017.03.02.

여느 날과 다름없이 아르바이트를 끝내고

집으로 돌아가던 저녁, 문득 제 생활이 이상하단 생각을 했습니다.

고정비용을 벌기 위해 아르바이트를 하고,

아르바이트 때문에 개인 작업을 할 여유는 없어지고

월급이 들어오면 고정비용으로 모두 나가 여윳돈조차 없는

목적 모를 쳇바퀴를 돌고 있는 것이

그날따라 너무도 이상하게 느껴진 것입니다.

서울에 사는 이유들도

사실 저와는 딱히 상관없는 일이었고요.

그 시기에 개인적으로 큰 상처가 된 일마저 일어나

더 이상 서울에서 버티고 싶지 않았습니다.

다시는 지방으로 돌아가지 않겠다 다짐했었는데,

집으로 내려오라는 아빠의 말만 계속 떠올라

결국 서울 생활을 정리하기로 했습니다.

저에게 서울에서 산다는 건 무슨 의미였을까요,
왜 이렇게도 지방으로 돌아가는 게 싫을까요.

서울 생활을 정리하기로 마음에 쐐기를 박아서
그런가, 그냥 얼른 다 그만둬버리고 싶다.
작업실도 가기 싫고, 아르바이트도 당장
그만두고 싶고, 정성을 많이 들였던 집도
남의 집같이 느껴진다.
마음이 떠나는 건 정말 무시무시한 일이구나.
사는 게 되게 허무하다는 생각이 자주 든다.
피곤하다.

2017.08.25.

그 어떤 노래도 아무런 감흥이 느껴지지 않을 때가 있습니다.

아름다운 장면도 찾을 수가 없고

딱히 기쁘지도 슬프지도

일상을 기록하고 싶은 의지도 없는 날들.

매일의 감정과 순간들에 감응하며 살아가고 싶지만,

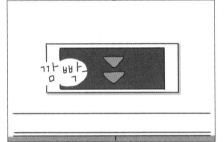

정말이지 쉬운 일이 아닌 것 같아요.

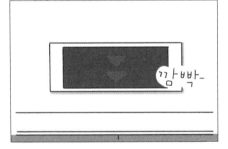

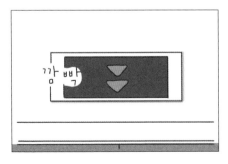

서울에서 이런저런 마음고생을 견디지 못해 집에 온 거라

혼자 있으면 완전히 무너지진 않을까 걱정이 많았습니다.

그런데 막상

무리하게 받았던 일들이

저를 무너질 새도 없이 달리게 만들어

가끔 힘들긴 해도 아주 무너지진 않을수 있었습니다.

물론 이 일들이 끝난 후 올 후폭풍이 두렵긴 하지만

뭐.. 괜찮겠지요..

사실 저에겐 계약금이 들어오자마자 사둔 비행기 티켓이 있으니까요.

포항에 왔고, 감정이 매일매일 요동치고 있다.
그래도 일단 정신 차리고 받은 일을 해야 하니까.
마감을 지키기 위해 일어나고,
작은 방에 일하러 가면서도 옷을 갈아입고,
나가서 커피라도 한 잔 사 온다.
원래는 해야 하는 일에 스트레스를 많이 받았던 것
같은데, 요새는 해야 하는 일들이야말로
내 일상을 단단히 잡아주고 있는 듯하다.
해야 할 일마저 없었다면 나는 겨울 낙엽처럼
쪼그라든 채 이리 구르고 저리 구르다
산산조각이 났을 것이다.
억지로라도 몸을 책상 앞에 앉히고, 머리를 굴리고,
손을 움직여 돈을 번다. 그 돈으로 입고 싶었던
원피스와 이불과 책을 살 것이고, 커피를 마시고
술을 마시고 여행도 갈 것이다. 해야 하는 일,
노동이 요즘의 나를 단단히 잡아주고 있다.

2017.10.11.

포항에 내려와 집에만 틀어박혀 있던 어느 날,

하루 종일 입을 꼭 다문 채 일만 하는 게 외롭고 서러워져

울고 말았습니다.

좋아하는 사람들과 맛있는 걸 먹고, 웃고, 떠들던 일은

얼마나 아름다운 순간이었는지요.

하필 그날, 서울에서 보낸 작업실 짐이 도착했는데요,

짐을 풀다 친구가 선물로 보낸 책에서 편지를 발견했습니다.

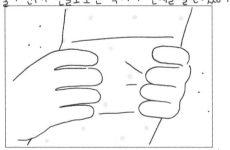

편지엔 그날의 저에게 너무나 필요했던 말이 적혀 있어

저는 또 울고 말았습니다.

한마디의 말도, 어떤 행동도 하지 않고 가만히 웅크리고 있었는데

듣고 싶었던 위로는 어떻게 저를 찾아와준 걸까요.

아무리 생각해봐도 신기하고 감사한 일입니다.

누군가의 꿈에 나타나

그를 꼭 안아주는 사람이 된다면 좋겠다.

2017.01.18.

요즘은 '나 자신을 건조하게 바라보는 것'에

대해 생각한다.

나르시시즘에 빠지지 않으면서도,

가혹한 구석으로 몰아가지 않는 것.

자신에게 건조하지만 따뜻하게 대하는 것에

대해 생각한다.

2017.09.03.

집에서 혼자 일할 때

전화오는 사람은 대부분 아빠입니다.

아빠는 화물차 기사, 저는 일러스트레이터.

우리는 서로가 정확히 무슨 일을 어떻게 하는지도 모르면서

매일 서로의 노동을 응원합니다.

어릴 땐 아빠는 어른이니 당연히 일하는구나 생각했는데,

요즘은 '노동자'로서 아빠와 같은 선상에 서 있는 기분이 듭니다.

특히 아빠와 일에 대해 얘기할 땐

수년간 경험해왔을 아빠의 노동에 대한 태도를 듣게 되는데

단순히 아는 게 아니라 깨달은 것이 분명해 보여

짧은 한마디도 마음에 짙게 남곤 합니다.

월세와 고정비용 부담이 많이 줄었다. 그렇게
되니 나라는 사람이 뭘 좋아하고, 뭘 하고 싶은지
명확하게 보이는 것 같다. 서울에서 아득바득
버티다가 떨어져 나와 힘을 빼니 그제야 나라는
사람이 어떤 형태로 어떻게 흘러가고 싶어 하는지
알 것 같다 해야 할까.

아빠와는 돈을 버는 일에 대해 거의 매일 얘기한다.
나는 무의식중에 그림으로 돈을 버는 일을 고결하게
느꼈던 것 같다. 작가, 예술, 그림… 그런 것들을
너무 신성하게 여겼다고 해야 할까. 요즘은 그림
그리는 건 그냥 내가 할 수 있는 일이니까, 일을
해서 돈을 벌 뿐이라는 생각을 한다. 고결함이고
신성함이고 뭐고, 그냥 열심히 해서 돈을 벌면 그
돈으로 좋아하는 것을 소비하고 맛있는 것을 먹고
그럼 됐다는 것이다.

당장 돈이 되지 않더라도 일단 받아서 최선을 다해야
한다든지 그렇게 일을 해야 꼬리에 꼬리를 물고
또 다른 일을 맡을 수 있다든지, 일한 만큼 정직한
가격을 받아야 한다든지, 시간을 잘 지켜야 한다든지
그런 얘기를 하다 보면 '노동자'로서 아빠와 같은
선상에 서 있는 기분이 든다.

동생은 우리의 대화를 듣더니 '자영업자들의 대화'
라고 이름 붙여주었다.

2017.11.27.

얼마 전부터 자전거가 필요하겠단 생각이 들어

오늘은 집에 돌아오자마자 자전거를 주문했습니다.

예전 같으면 한 달은 족히 고민했을 텐데

이제는 스스로에게 필요하단 판단이 들면

재빨리 소비합니다.

자신에게 필요한 것에 확신을 갖고 소비하는 자신감.
그건 좋은 변화가 아닐까요.

한 자루에 4천 원씩 하는 카렌다쉬 연필을 결국
샀다. '연필 한 자루에 무슨 4천 원씩이나 해!' 하고
고민했는데, 종이 위에 포실포실하게 그려지는
느낌이 너무 좋아 정말 잘 샀다 싶다.
쓰고 있는 바디워시가 남아 있는데도 굳이 다른
향의 바디워시를 하나 더 산다든지, 얇은 그림책을
그 어떤 두꺼운 책보다 더 비싼 가격을 치르고
산다든지. 어떤 의미를 알게 되면, 그 물건의 가격이
비싸다는 생각이 들지 않게 된다. 가치를 안다는
것은 그런 거겠지.

2017.05.05.

동생과 같이 심리검사를 받았습니다.

그간 동생을 잘 안다고 생각했었는데,

그렇지도 않았나봅니다.

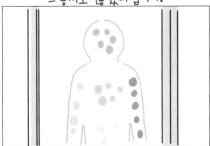

완성된 제 모습을 보니

감당하기 힘든 날개와 짐을 달고 허덕이는 새가 그려졌습니다.

스스로의 상태를 알아채는 건, 왜 쉽지가 않을까요.

심리검사가 끝나고, 동생과 걸으며 얘길하는데

동생이

점점 더 잘 우는 사람이 되었으면 좋겠다고

생각했습니다.

친한 동생의 집에 놀러갔던 날,

방이 딱 동생답다는 생각을 했습니다.

유행하는 물건들로 채워진 공간이 아니라

그 사람만의 취향과 동선이 자연스레 스며 있는 공간.

그런 공간에 있으면 마음이 편안해 기분이 좋아집니다.

오랜만에 부산에 놀러 와 혼자 숙소에서 조명 하나만
켜두고 일기를 쓰고 있다. 혼자만의 공간이 얼마나
중요한지 다시 깨닫게 된다. 며칠 전, 집 앞 카페에서
커피를 기다리다 잠시 들춰본 책에 '자기만의
책상이 있다는 행복'이라는 구절을 봤다. 집에
있으면 뭔가 답답했는데, 나에서 시작해 나로 끝나는
책상과 공간이 있어야 한다는 사실을 잊고 살았기
때문이라는 걸 깨달았다. 다시 '나만의 공간'을 갖고
싶다. 나로 시작해서 나로 끝나는 공간.
자기 공간을 꾸린다는 것의 대단함을 알고 있다.
나 자신을 잘 알면 알수록 그 사람만의 독특한
공간이 생긴다는 것도 믿는다. 자기에게 어떤 공간의
요소가 필요한지, 자신이 좋아하는 것과 취향을 알고,
그것을 왜 좋아하는지 아는 사람이 꾸리는 공간은
분명 그 사람을 닮는 것 같다. 내년쯤에는 '내가
이런 사람이구나' 깨달을 수 있는 공간을 갖고 싶다.
조급해하지 않고 천천히 좋아하는 요소들을 채우고
싶다. 무엇보다도 튼튼하고 훌륭한 나무 책상 하나를
갖고 싶다.

2018.07.13.

늘 잠시 살다 떠나야 하는 곳에서만 지내서 그런지

지나가다 예쁜 물건을 보아도

'이사할 때 다 짐이다'라는 생각부터 들었습니다.

작은 것 하나도 이것저것 따지다 보니

남은 건 가성비와 무난함뿐. 딱히 취향이랄 것이 없었는데요.

그런데 집에 내려와 지내면서는 안정적인 공간이 생겨서인지

마음에 드는 것을 집에 가져올 수 있게 되었습니다.

그렇게 별다른 이유 없이 가져다 놓은 것들을 보고 있으면

제 취향이 이거구나 새삼 깨닫게 됩니다.

조금씩 조금씩요 —

네 번째 상자.

다시 약을 먹으며

억지로 지켜야 하는 일이 없는 프리랜서가 되니

매일 일어나고, 밥 먹고, 자는 시간이 제각기 흩어져

일상의 리듬이 무참히 망가지고 말았습니다.

다니던 길 하나 없는 수풀 한가운데 떨어져

매일매일 길을 잃는 기분이랄까요..

더 이상은 안 되겠다 싶어 일상의 루틴을 만들기로 했습니다.

시도해보니 잘 지켜지는 일들이 있는 반면에

지켜지지 않는 일들은 정말이지 지킬 수가 없었습니다.

특히나 아침에 일어나는 게

왜 이렇게도 힘든지요.

그러다 얼마 전, 학교에 가는 동생을 따라 나가보았습니다.

아침부터 일어나 하루를 지내보니

시작이 힘들었을 뿐

시도하고 노력한다는 것만으로도

건강하고 뿌듯한 기분이 차올랐습니다.

작은 깨달음도 얻게 되었고요.

물론 깨달았다 해서 바로 변화하진 못하지만

실패하는 이런 날들도 언젠가는 도움이 되었으면 좋겠습니다.

일단 해야 하는 일들을 하는 것이 요즘의 목표다.
그러다 보면 뭐라도 되어 있겠지.
하고 싶은 일과 해야 하는 일의 경계선이
모호해진다.

2017.05.11.

요즘은 성실하기가 너무 힘들다. 그중에서도
일찍 자고 일찍 일어나는 것이 정말이지 너무
힘들다. 새로운 것을 만들어내는 것보다 성실한 것이
훨씬 더 힘든 것 같다.

2018.11.17.

함께 일하고 있는 외주업체에서 등기로 계약서가 왔는데

봉투에는 예쁜 마스킹 테이프가 붙어 있었고

계약서와 함께 귀여운 메시지도 함께 들어 있었습니다.

그래서 계약서 한 부를 다시 보낼 땐

저도 비장의 고양이 메모지에 메시지를 쓰고

예쁜 마스킹 테이프를 붙였습니다.

예쁜 메모지와 마스킹 테이프를 쓰는 분과 일하는 게 기쁩니다.

정성과 귀여운 마음을 주고받으며 일하는 기분이랄까요-

저는 평소에 아빠에게 잔소리가 많습니다.

아빠의 요근래 화두는 저의 시집인데요,

그날도 어김없이

저는 잔소리를 늘어놓았습니다.

그런데 그날의 아빠는

평소와는 다르게 그렇겠다고 대답하셨습니다.

아빠의 고집을 꺾으면 그저 후련할 줄 알았는데

아빠의 흰머리, 주무르던 왼쪽 무릎, 각종 약봉지 같은 것들이 떠올라

조금 서글픈 기분이 들었습니다.

저의 수치 중 하나는

마음속에 싫어하는 사람들을 모아둔 상자를 종종 열어보는 것입니다.

대체 싫은 사람들은 왜 이렇게나 많은지,

이걸 왜 굳이 열어 살펴보는지

스스로도 이해가 안 돼요.

싫어하는 사람이 생기는 건 정말 힘들다. 에너지가
무척이나 소모되고 심할 때는 몸이 아프기까지 하다.
좋아하는 사람을 떠올리는 일은 싫어하는 사람을
떠올리는 것보다 에너지가 훨씬 덜 드는데도 잘 하지
못한다.
싫어하는 사람보다 좋아하는 사람을 떠올리는 일이
더 잦은 사람이면 좋겠다. 그런데 싫어하는 사람이
계속 생각나는 건 정말 싫어서 그런 걸까.
어쩌면 진짜 싫어하지 못하기 때문이 아닐까.

2018.01.

그림을 그려 돈을 버는 것은

스스로의 부족함에 원망도 많이 하게 되고

예측되지 않는 미래가 늘 불안한 일입니다.

그렇지만 한번도 이 일을 하기 싫다거나 후회한 적 없다는 것,

편집자님이 말씀해주셨던 몇 년 전 저의 소망.

그런 일들을 떠올리면

일을 한다는 것이 묘한 기분으로 다가옵니다.

(작은방으로 출근 중)

H언니와 얘길 하다가,

결국은 내가 커져야 한다는 말을 들었다.

내가 커지기 위해서는 계속

나의 것을 하는 수밖에 없다고.

계속 계속하다 보면 나에게도

나의 오리지널리티라는 게 생기지 않을까.

2018.01.16.

들어오는 일들을 곧바로 나의 능력으로 직결시키지

않아야겠다. 일이 많이 들어오면 내가 능력 있나

보다 우쭐해지고, 일이 들어오지 않으면 나는

무능력한 인간이 아닐까, 내 그림이 뒤처진 건

아닐까 곧바로 우울해진다. 일이 많이 들어온다고

내가 능력 있는 사람은 아니라는 것, 들어오는 일을

그저 돈으로만 보지 않도록 경계하는 것,

그런 것들을 잊지 않아야겠다.

2018.06.20.

그간 열심히 일해 번 돈으로 사고 싶던 맥북을 샀습니다.
아빠와 동생이 돼지저금통에 돈을 꽂아줘서
내친김에 작은 고사도 지냈습니다.
어찌나 유난스러운지요.

_유난스러운 맥북 구매기

며칠 전 아빠가 술을 마시고 와서는

그간 듣도 보도 못한 말을 하셨습니다.

평소에 돈도 못 번다고 혼내기만 하셨는데,

하고 싶은 일을 하고 사는 게 좋다는 것을

아빠도 모르지는 않으셨겠지요.

집에만 있다가 오랜만에 제주에 놀러가던 길,

제주에 살고 있는 친구들이

데리러 올테니 공항에서 기다리고 있으라 합니다.

무사히 제주에 도착해 친구들을 기다리는데

별안간 눈물이 날 것 같았습니다.

저를 환영해주고 데리러 와주는 친구들이 있다는 걸

꽤 오래 잊고 지냈던 것입니다.

그날 뒷자리에 앉아 친구들을 보며

앞으로 저도 친구들을 데리러 가는 날이 많길 바라봅니다.

내가 태어난 날에 눈이 펑펑 내렸다고 했다.

눈이 잘 내리지 않는 부산에서 눈이 그렇게 내렸다고

해서, 나는 그 이야기를 좋아하게 되었다. 특별한

날에 태어난 기분이 든다고 해야 하나, 혹은 내가

태어난 날이 특별한 것 같다고 해야 하나.

오늘 아침 별생각 없이 현관문을 열었는데,

밤새 눈이 조용히 내려 쌓여 있었다.

어떤 존재가 내 생일을 잊지 않고 있나 보다,

문득 그런 생각이 들었다.

2017.01.13. 생일날

일상에서 못 하던 일은 일상을 벗어난다고 달라지지 않는다는 걸

몇 번이나 깨달았는데도

혹시나 하는 마음에 저는 또 짐을 쌌습니다.

또다시 도망치듯 떠난 이번 여행에선

일상에서 뛰쳐나오는 여행은

더 이상 하지 않겠다고 다짐했습니다.

그러나 일상은 곧바로 지겨워지고 갑갑해졌는데요..

(물론 여행버프 바닥나는 경험도 한두 번이 아님)

저는 우선 이불부터 바꾸기로 결정하고

예전부터 봐두었던 이불을 고민 끝에 사버렸습니다.

새 이불을 깔았던 밤에는

더 이상 도망가지 않는 삶을 떠올렸어요.

한 달간 제주에 있다가 포항 집에 돌아오자마자
작업 방과 침대방을 싹 갈아엎었다. 어딘가 길게
다녀오면 평소에 버리지 못하던 것들을 버릴 수 있게
된다. 아마도 그 감각은 이게 없어도 잘 지낸다는,
아무 문제 없었다는 경험과 돌아와 나를 기다리는
짐들의 부피가 부담스럽기 때문 아닐까.
서랍 속과 책장 한 칸 한 칸을 일일이 미련과
덜 미련으로 구분해가며 토너먼트 경기를 치러내는
게 은근히 에너지 소모가 크지만, 하고 나면 가뿐한
기분이 들어 좋다. 3일 내내 겨우 방 두 칸의 짐을
정리해냈다. 언젠가는 내가 가진 옷과 책과 물건들이
어떤 것이 얼마나 있는지 머릿속으로 다 떠올릴 수
있을 만큼만 가지고 있으면 좋겠다.

2018.06.01.

여전히 거절당하는 건

괜찮지 않습니다.

휴대폰 용량이 가득 찼다는 경고에 사진과 메시지들을 정리하는데
그간 제가 너무 많은 말을 하고, 너무 많은 장면을 남겼다는
생각이 들었습니다.

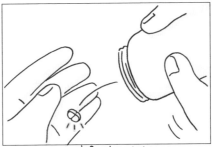

다시 약을 먹기 시작하며

노력하고 싶었지만 차마 되지 않았던 일들에

노력할 힘이 생겼다는 걸

조금씩 느끼고 있습니다.

다시 약을 처방받았을 땐, 나아지지 않은 스스로가 한심했는데

다시 하나씩 노력해나가는 저에게 신뢰가 쌓이는 것 같습니다.

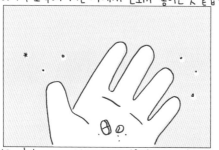

이 작은 알약이 제 마음에게 무엇을 해주고 있는 걸까요.

종종 궁금해지곤 합니다.

생각과 마음이 마구 날뛰는 요즘

오늘은 완전히 소진되고 말았습니다.

집에 돌아온 저는 곧바로 냉장고를 뒤져

육수를 내고

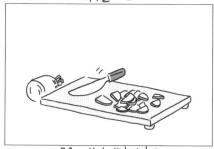

무를 댕강댕강 썰어

뭇국을 끓였습니다.

요즘 들어 '자기 자신에게 친절한 건 뭘까' 궁금했는데

어쩌면, 피곤해도 먹고 싶은 걸 요리해 먹는

그런 일들이 아닐까요.

게으른 나도 지지해주는 것, 초조해하지 않는 것,
망해봤자 얼마나 더 망하겠냐고 웃어주는 것.
이게 왜 이렇게 어려운 걸까.

2017.03.24.

집 앞에 두 분의 사장님이 운영하는 카페가 있는데,

유독 이곳에선 작업이 잘 되어 자주 옵니다.

오늘은 두 분이 알 수 없는 대화를 나누며

커피머신 앞에서 무언가 연구하고 계시는 것을 보았습니다.

그러고 보면 이곳 사장님들은 손님이 없어도 늘 무언가를 하고 계십니다.

카페 알바 시절

손님이 없으면 휴대폰만 보던 저와는 너무나도 다르게요.

멋지다,,

진지하게 커피를 대하는 두 분을 지켜보다 문득,

'나는 내 일에 어떤 태도를 취할 수 있을까'란 생각이 들었습니다.

자신의 일을 진지하게 대하는 사람의 건강한 기운.

아무래도 그 기운이 좋아 이 카페에 자주 오는 것 같습니다.

무슨 일을 하든, 그 일이 돈이 되든 안 되든,
노동을 대하는 그 사람의 태도가 가장 중요한 것
같다. 물론 나는 엄두도 못 낼 일을 해내는 명석하고
똑똑한 사람들도 멋지지만, 그것보다는 자신의
노동에 관해 뚜렷한 태도가 있는 사람들이 더
대단해 보인다. '다들 그냥 그러고 사는 거야'라고
말하지 않는 사람. 어디선가 들은 것 같은 멋들어진
말이 아니라, 자기가 몸으로 천천히 깨달은 것들을
투박하게나마 말할 수 있는 사람, 말 아래 충분한
행동과 경험이 뿌리내린 사람이 정말 멋진 것 같다.

2018.12.29.

다섯 번째 상자.

괜찮다고,

다 괜찮다고

일주일에 한 번쯤은 별일 없이도 집을 나서서

근처 카페에 갑니다.

그리고 공책과 펜을 꺼내어

그간 여기저기서 모아둔 좋았던 문장을 따라 적어요.

노랫말과 들었던 얘기들, 밑줄 친 구절과 타인의 생각들

그런 문장들을 적다 보면, 마음속에 좋은 기운이 차오릅니다.

어느 날은 지하철 입구에서

빅이슈 한 권을 샀습니다.

순간 저는 이런 생각을 해버렸는데,

아저씨가 건넨 얘기에

고개를 들기 민망할 만큼 부끄러워졌습니다.

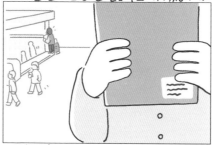

따뜻한 말 한마디 건넬 마음의 여유도 없으면서

함부로 남과 비교해 행복을 찾던 스스로가
한심하기 짝이 없었습니다.

새해가 되어 갑자기 '건강함'에 꽂혔는데요,

마침 작업실 언니가 마라톤 대회를 알려주셔서

마라톤 대회에 나가기로 했습니다.

그리하여 처음으로 달리기 연습을 하는데

제가 운동이라곤 1도 하지 않던 저질체력의 인간이라는 게

그제서야 떠오르고 말았습니다.

그렇지만 차마 포기할 수는 없어

그날부터 매일 달리기 연습을 했습니다.

성실함에 근육이 붙는 일은 정말이지 고되었지만

조금씩 근육이 붙는 것은 얼마나 뿌듯한 일이던지요.

결국 저는 무사히 첫 마라톤을 완주할 수 있었습니다.

사랑하는 사람의 허리를 손으로 받쳐주며 뛰고

격려와 응원의 목소리가 울려퍼지던 길

뛰는 사람들의 건강한 기운들.

완주 후 언니들과 행사 부스에서 주는 간식을 먹는데

마음에 건강함이 가득 차오르는 것 같았습니다.

근래의 탈출구는 달리는 것이다. 아무리 머리 아프고 감정 소모가 큰 일이 생겨도, 요즘 나에게는 달리기가 있다. '모르겠다, 일단 뛰자'라고 생각하는 일은 굉장히 든든한 면모가 있다. 그렇게 뛰고 나서도 생각나는 고민이나 감정들은 거의 없다는 것이 정말 든든하다.

2018.03.07.

어느 날은 모임에서

처음 들어 보는 책 얘기가 나왔습니다.

순간 마음 속에선 모르는 것을 모른다고 말해야 할지 고민이 일었습니다.

그래도 역시 스스로에게 덜 부끄러운 것은

모르는 건 모른다 말하는 것이라는 걸 겪어봤기에

용기내어 말했습니다.

모른다 말해도 별 문제 없는데,

이상하게 어렵곤 합니다.

언젠가 저는 이러지도 저러지도 못하는 마음에게

다그쳐야 할지

믿고 기다려줘야 할지 고민한 적이 있었습니다.

회복되길 그저 기다리다 푹 퍼진 적도 있었고

조급하게 서두르다 힘에 부쳐 나가떨어지기도 하며

마음을 어떻게 대해야 하는지 혼란에 빠졌습니다.

무엇이 현명한 균형인지 질문을 품고 지내던 어느 날,

별다른 사건도 없이 답이 떠올랐습니다.

현명한 태도보다는

그때그때 상태를 파악하는 것이 먼저라는

어쩌면 너무 당연한 것을 깨달은 것 입니다.

질문	예	아니오
잠을 충분히 잘 수 있나?		
집 밖에 나갈 수 있는가?		
일정한 루틴이 있는가?		
무엇이 나를 뒤덮고 있는지 아는가?		
무기력한 지 하루 이틀 정도 되었는가?		

'아니오'가 3개 이상이면 기다리고, 미만이면 박차를 가하기

서울에 갈 때면 늘 저렴한 숙소나 지인 집에 묵었는데요,

이번엔 사치를 좀 부리고 싶었습니다.

그래서 마음에 드는 숙소를 찾아보다

창밖으로 한옥지붕이 옹기종기 보이는 숙소를 예약했습니다.

며칠 후 숙소에 도착하니 때마침 눈이 내리기 시작했어요.

맥주 한 캔을 마시며 눈 내리는 창밖을 바라보던 밤과

푹신한 침구에서 늦잠 잔 것, 기대했던 숙소에서 한 일은 그게 다였지만

무언가 가득 찬 기분이었습니다.

예전엔 사치라 하면 만져지고 보여지는 물건 정도가 떠올랐는데요,

물건으로 남지도 보여지지도 않을 혼자만의 시간에 돈을 들이는

이런 사치라면 종종 사치를 부리는 사람이 되어야겠습니다.

사실 한 달에 한 번씩은 운세를 찾아봅니다.

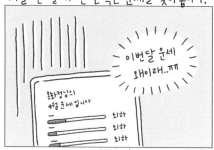

운세가 좋지 않으면

믿지 않으려 해도 뭔가 불안해지고

운세가 좋으면

이 좋은 운세를 게으른 제가 그저 허비해버릴까 봐

역시 불안해집니다.

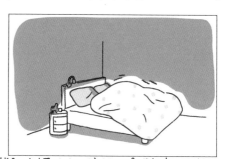

이불을 머리끝까지 뒤집어쓰고 울었던 날이 있었습니다.

그런 제 모습이

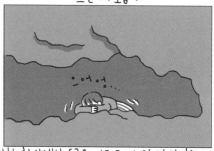

마치 침대에서 동굴을 파고 들어가 우는 것 같았습니다.

다른 사람들 역시 각자의 동굴을 판 적이 있었겠지요.

그 동굴에서 숨이 턱턱 막히게 울다 나왔으면서

다시 아무렇지 않게 웃으며 지내는 거겠지요.

다들 그 동굴을 알고 있을 거야..

그런 생각을 하다 보면, 제 슬픔과 외로움이
조금 가벼워지는 것 같습니다.

종일 말도 하지 않고 자고, 일어나 일하고, 다시
잠들기를 반복하고 있다. 어떤 때는 방 한구석에서
공허함이 큰 눈알로 나를 바라보는 것 같지만, 이런
순간들도 언젠가 지나가겠거니 하고 눈을 질끈
감는다. 고독한 거 멋있어 보였는데, 실상 나의
고독은 외롭고 쓸쓸함이 구질구질하게 차 있는 것
같다. 감히 고독해 보이는 게 멋있다고 말하다니.
좋아하는 사람을 만나 얘기하다가 합창하듯
웃고, 맛있는 음식을 먹으며 좋은 노래를 듣고,
함께 한 공간에서 즐거운 시간을 공유하는 것은
얼마나 아름다운 일이었나. 매일 누군가를 만나고
그런 순간이 많았던 때는 몰랐다. 그게 그렇게나
아름다웠다는 것을.
혼자 잠드는 것도 참 이상한 일이다. 다들 어떻게
밤에 혼자 잠들고 있는 걸까. 아빠는 어떻게
몇 년이나 혼자 천장을 바라보다 잠들고 있는 걸까.

2017.10.23.

217

오랜만에 이모 할머니를 찾아뵈었습니다.

이모할머니 댁의 냉장고엔 사진이 한가득 붙어 있었는데

거기엔 돌아가신 제 할머니와 찍은 사진도 있었습니다.

언젠가 제가 먼저 세상을 떠나고

남겨진 동생이 오래전 저와 찍은 사진을 볼때 이런 모습일까요.

이오할머니를 바라 보는데 어쩐지 아득한 기분이 들었습니다.

오늘은 오랜만에 만난 친한 언니에게

이런 얘길 들었습니다.

그 얘길 듣는 순간

곁에 있는 이들의 얼굴이 와르르 생각나서

기분이 무척 좋아졌습니다.

이른 아침에 일어나니 아빠가 제 코트를 다리고 계셨습니다.

저는 사양하지 않고 다림질이 다 되길 기다렸습니다.

아빠가 한가할 때면 밥도 차려달라 부탁합니다.

버스터미널에 태우러 와달라고도 하고,

수박을 잘라달라 조르고,

치킨 사달라고도 조르고,

제가 충분히 할 수 있는 것들을 부탁하기도 합니다.

아직 아빠에게 부탁할 수 있는 게 많아서

다행이에요.

앞으로도 부탁할 수 있는 게 많이 있으면 좋겠는데

시간이 갈수록 부탁하기 미안한 것들이 하나둘 늘어갑니다.

어제는 아빠가 아침에 보통 몇 시에 일어나냐 해서 한 아홉 시쯤 일어난다고 말해줬다. 그랬더니 오늘 아침 아홉 시쯤 딱 전화가 왔다. 뭐하냐고, 밥은 먹었냐고. 서울에서 지낼 때 아빠가 가끔 전화로 폭격기처럼 쏘아대던 말들은 나를 몰라서 그랬던 게 아니었을까. 나도 아빠를 모르고, 아빠도 나를 몰라서 그랬던 건 아닐까.

집에서 당당하게 노브라로 있지 못 한다는 것만 빼면 집도 되게 좋다는 생각을 처음 했다. 가족의 다정함은 이런 거였구나 하고.

2017.10.25.

생각해보면

저를 좋아해주던 이들은 모두 제게 '괜찮다'고 해주었습니다.

괜찮다고 해주지 않는 사람은 저뿐이라

스스로에게도 '괜찮아'라고 얘기해주는 사람이 되고 싶어요.

나 자신에게 "괜찮아"라고 말해주는 것.
자신의 결핍을 결핍으로 두지 않는 책임감 있는
어른이 되는 것. 어렸을 땐 내가 그 무엇을 잘못하든
엄마가 괜찮다고 해주길 바랐다. 실제로 내가 다
크고 나서도 그때 엄마가 나를 다그치지 않았더라면
좋았을 텐데 생각하기도 하고.
그때 엄마에게 듣고 싶었던 괜찮다는 말을, 이제는
스스로 해줘야 하는 건지도 모른다. 늦게 일어나서
종일 아무것도 하지 못해도, 열심히 그림을 그리지
않아도, 돈을 잘 벌지 못해도, 별다른 노력을 하지
않은 하루도 괜찮다고, 다 괜찮다고.

2018.02.07.

솔직하고 담백한, 그 사람만의 색이 뚜렷한 글과 그림을

정말 좋아합니다.

저 역시도 이런 작업물을 만들고 싶지만,

역시 그런 작업물은 이미 그런 사람만이 낼 수 있는 거라

따라한다고 되는 게 아니란걸 알고 있습니다.

멋진 타인처럼 될 수 없다는 것은 조금 서글프지만

초라한 나라서 희망적이기도 해요.

S언니와 오랜만에 만나 창경궁을 산책하다가
처마 밑에 앉아 이런저런 얘길 나눴다. 언니가
해준 이야기 중에 '오버뷰 이펙트'라는 개념이
있었는데, 그 얘기가 정말 좋았다. 우주에 다녀온
우주비행사들이 지구에 돌아오면 공허함을 느끼고
인생무상함을 느낄 것 같았는데, 오히려 지구 환경과
인류에 관해 더 관심을 갖고 소중하게 대한다는
얘기였다. 온갖 일이 복작복작 일어나던 지구를 떠나
우주에 다녀오면 돌아온 곳을 사랑하게 된다는 것.
그 얘길 듣는데 늘 여행을 다녀오는 길에는 돌아가
더 잘 살아내야지 생각하던 순간이 떠올랐다.

2017.09.24.

저는 일상의 소중함과 아름다움을 쉽게 잊곤 합니다.

그래서 자주 일상 밖으로 나가려 노력하는데요,

바깥으로 나와서야

돌아가서 다시 잘 살아내고 싶단 생각이 들곤 합니다.

언젠가 '오버뷰 이펙트'에 대해 들은 적 있는데,

일상으로 돌아갈 때마다 그 이야길 떠올립니다.

언젠가는 살아감의 아름다움을 쉽게 가려버리지 않는 사람이 되고 싶습니다.

쉬운일은 아니지만요-

자주 잘 튕겨 나가고,

건강히 잘 돌아오는 사람이 되어야지.

2017.12.

이 책을 쓰면서는 돈을 정말 많이 썼습니다.
무엇을 어떻게 그려야 하는지, 이런 내가 무슨 책을 쓴다는
것인지, 책을 계약한 지 몇 해가 지났는데도 도무지 진도가
나가지 않아 죄책감을 그림자처럼 매달고 다녔는데요.
그럴 때마다 자꾸만 돈을 쓰게 되었습니다. 틈만 나면
여행을 떠나고, 사고 싶은 것을 다 사고, 먹고 싶은 것을 다
먹어보면서요. (그렇게 비용을 내고 방황했는데, 결국 매일
쓰던 일기로 책을 썼습니다. 역시 꾸준함이 큰 자산입니다!)

특히 원고 작업을 하는 동안은 어느 정도 잡고 있던 고삐도
아예 놓아버렸는데요, 결국은 생애 최대의 카드값과 몸무게를
얻게 되었지만, 책이 무사히 잘 나오게 되어 다행이라
생각합니다. 스스로에게 떳떳한 책이 나왔으니 그 정도
카드값과 몸무게는 기쁘게 받아들여야겠지요.

도움도 정말 많이 받았습니다.

일기를 꺼내 쓰다 보니 '이건 너무 개인적인 이야기가 아닐까, 공감할 요소가 전혀 없지 않을까' 고민을 많이 했는데요, 그럴 때마다 동생에게 쪼르르 달려가 "이 이야기 이해 돼? 어때? 공감돼?" 하고 조언을 받곤 했습니다. 워낙 많은 이야기를 물어봐서 마지막 원고를 쓸 즈음에는 동생이 자기 이름도 공저로 올리라는 말을 할 정도였달까요. 동생 수정에게 그 고마움을 전합니다.

동생만큼이나 자주 이야기를 보여주며 의견을 물었던 애인과, 채색할 시간이 촉박해지자 자기 일처럼 밤새 채색을 도와준 친구들, 원고가 늦어짐에도 기다려주며 다정한 이야기들을 해주시던 자기만의 방 편집팀, 늦어진 원고 때문에 바쁘셨을 스튜디오 고민에게도 죄송함과 감사함을 전합니다.

무엇보다도 한 사람의 구구절절한 일기를 여기까지 봐주신 분들께 애정과 감사를 보냅니다.
저의 진심이 아주 조금이라도 가닿았다면, 그건 마음을 열고 한 개인의 일기를 다정하게 읽어주신 덕분입니다.
고맙습니다.

Editor's letter

그녀가 힘든 시간을 견딜 때, 밝아지기도 다시 아파하기도 했을 때 저희도 함께 웃고 울었습니다.
그렇게 한 사람이 자기만의 터널을 통과하며 성장해온 이야기를, 가급적 그 흐름을 살려 묶었습니다.
지금 무언가에 부딪혀 멈춰 서거나 힘겨워하는 분들에게 작은 공감과 작은 동기가 될 수 있기를
바라면서요. 그녀도 우리도 모두 성장하고 있다는 걸, 책을 닫으며 새삼 깨닫습니다. **민**

스물세 살의 화정 작가님 첫 책을 만들 때 '이 작가의 마흔이 궁금하다'는 말을 자주 했습니다.
그 책이 마무리나 완결이 아닌 과정의 일부분 같았거든요. 이번 책도 마찬가지였어요. 여전히
작가님은 애를 쓰며 걷고 있구나, 진행 중이구나, 싶었습니다. 어쩌면 우리(자방팀과,
자방 주민님들)는 한 작가의 성장기를 함께하고 있는 것일지도 모르겠습니다. **희**

'너무 애쓰는 건 쿨하지 않아'라고 말하는 세상이지요. 이 책을 통해 '진심을 다해 끙끙 앓고,
무너지고, 다시 다짐하는 모습도 참 예쁘네' 하는 생각이 오랜만에 들었습니다. **애**

첫 번째 편지를 씁니다. 지금 제 기분은 '촉촉하다'와 '벅차다' 사이 어딘가에 있습니다.
오래 기억하고 싶어요. **령**

쉬운 일은
아니지만

1판 1쇄 발행일 2019년 6월 25일
1판 8쇄 발행일 2024년 5월 13일

지은이 홍화정
발행인 김학원
발행처 (주)휴머니스트출판그룹
출판등록 제313-2007-000007호(2007년 1월 5일)
주소 (03991) 서울시 마포구 동교로23길 76(연남동)
전화 02-335-4422 **팩스** 02-334-3427
저자 · 독자 서비스 humanist@humanistbooks.com
홈페이지 www.humanistbooks.com
시리즈 홈페이지 blog.naver.com/jabang2017
채색 도움 박혼디 전혜정 정수연
디자인 스튜디오 고민 **용지** 화인페이퍼 **인쇄** 삼조인쇄 **제본** 해피문화사

자기만의 방은 (주)휴머니스트출판그룹의 지식실용 브랜드입니다.

Ⓒ 홍화정, 2019
ISBN 979-11-6080-274-0 03180

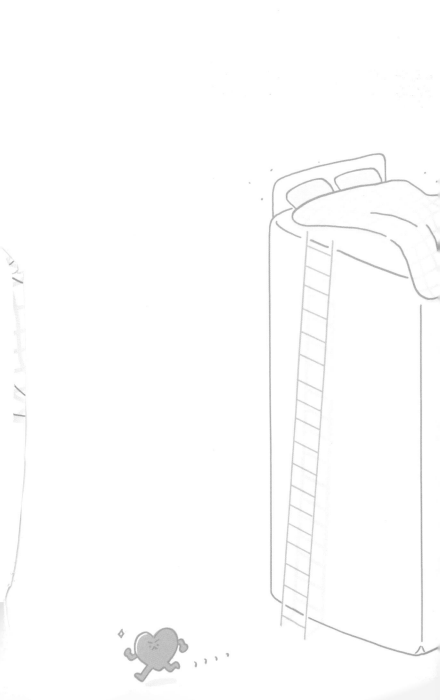